FÊTE

DE L'AGRICULTURE

CANTON DE PARIS,

CINQUIÈME ARRONDISSEMENT.

10 *Messidor*, an *VII* de la République Française, une et indivisible.

DISCOURS

Prononcé par le Président de l'Administration Municipale, le Décadi, 10 Messidor, an 7 de la République Française, une et indivisible, à la Cérémonie Nationale de la Fête de l'Agriculture.

O fortunatos nimium, sua si bona norînt,
Agricolas! (Georg. lib. 2).

CITOYENS,

Ne serait-ce pas une bizarrerie qui appartient uniquement à l'espèce humaine, de moins priser ce qu'on a sous les yeux, que ce qu'il faut aller chercher à travers mille périls, et de moins estimer les faveurs de la Nature que le produit des Arts? Cette supposition une fois admise, nous connaîtrions bientôt la cause de l'oubli, du discrédit, disons mieux, du mépris

A 2

dans lequel l'Agriculture était tombée parmi nous.

Des nobles et des prêtres, voilà les soutiens naturels du trône. Tout ce qui ne tient pas à ces deux castes, est nul aux yeux du prince. Ces deux castes lui sont chères ; l'une parle au nom du ciel, l'autre au sien. Entre ces deux pouvoirs, il n'est rien d'utile. L'homme qui baigne la terre de ses sueurs, pour couvrir d'un aliment sain et nécessaire la table du souverain, du favori, du prélat, est moins con-sidéré, moins soigné, moins défendu que les coursiers qui servent à leurs plaisirs.

Tel était l'état d'avilissement où se trouvait l'Agriculture quand la révo-lution changea les choses, les idées des hommes et les places. Tout dis-parut sous le niveau de la Nature.

Elle dit : je vous ai créé tous, vous êtes tous l'ouvrage de mes mains ; vous êtes tous égaux à mes yeux comme à ceux de la Divinité. Cette Égalité sainte porte sur vos droits et vos devoirs. Je vous prépare la route du bonheur, le reste vous appartient. Il est des différences dans l'organisation physique; il en est aussi dans l'organisation morale : les connaissances acquises, les circonstances particulières en mettent également dans les talents et dans les fortunes ; mais rien n'altère l'Egalité politique et de la Loi. L'homme pauvre, sans études, abandonné à lui-même, doit être plus cher à ses concitoyens s'il a des mœurs et s'il tient, par les liens du cœur, au sol qui l'a vu naître, que ne le serait l'homme de génie s'il avait le malheur de ne point aimer sa Patrie.

Amour de la Patrie , passion des grandes âmes, feu sacré qui alimente toutes les affections libérales , c'est à toi que l'antiquité dût tant de prodiges. C'est toi qui soutint les Républiques et qui les rendit florissantes tant que l'Agriculture y fut révérée.

Notre chronologie, rétrécie comme nos idées réligieuses, après avoir remonté un court espace de six mille ans, nous dit : voilà l'origine du monde ; voilà l'époque de l'Agriculture. Brisons ces entraves peu dignes de la Philosophie et des hommes libres, et disons : depuis les millions d'années qui se sont écoulées, peut-être, vit l'Agriculture. Elle existait avec la Terre. L'homme, qui le premier la cultiva, trouva tout-à-la-fois le fondement des sociétés ; le principe générateur de la population et la base du commerce. Les Arts et l'Industrie furent la suite immédiate de cette grande découverte, dont nous avons joui jusqu'ici sans l'apprécier autrement, sans l'honorer comme elle devait l'être.

Les peuples anciens, à cet égard, comme à tant d'autres, en savaient plus que nous. En Egypte, non-seulement on honorait l'Agriculture, mais on révérait même cet animal lent et patient, compagnon des travaux agricoles, à qui l'homme doit l'avantage d'ouvrir de plus larges sillons, et de rendre la terre vingt fois plus fertile.

Dans la Grèce, qu'on se plaît toujours à citer quand il est question des Arts, ou des institutions utiles, l'Agriculture était portée au plus haut point de considération. Les mystères d'Eleusis, célébrés en l'honneur de la grande Déesse, en sont une preuve irrécusable. Ils duraient neuf jours entiers ; chaque jour offrait un tableau différent ; le sens propre se cachait sous le voile riant de l'allégorie.

Cérès, sa fille Proserpine, Pluton roi des Enfers, l'enlèvement sur les bords du Sperchus, les six mois d'habitation sur la terre ou dans le séjour des ombres, tout était emblématique, tout se rapportait à l'art de cultiver la terre.

A 4

Sans doute, il eut fallu qu'une mysticité religieuse ne gâtât pas de si belles idées, mais les peuples aiment le merveilleux. Les prêtres le savent, ils en profitent. Sans le merveilleux, auraient-ils de l'empire sur la raison? peut-on l'ignorer? La superstition a souillé tous les âges. Le monde est peut-être éternel, et la vérité est née d'hier. Cette vérité, nous la possédons. Aurons-nous le talent de la connaître, et celui plus rare encore, de la conserver?

C'est elle qui a substitué aux fêtes inutiles et puérilement fastueuses de la catholicité, les fêtes morales et profondes de la République. Dans le nombre de ces fêtes, de sages Législateurs ne pouvaient point oublier celle de l'Agriculture. Dans quel tems fallait-il la placer? C'était au commencement de Messidor; c'était au commencement du mois des moissons qu'il convenait de la célébrer. Bientôt l'épis jaunissant va tomber sous la faux de Cérès. En mère bienfaisante, elle n'exige nos hommages qu'en nous prodiguant ses dons.

Peut-on parler de l'Agriculture, de la campagne, des champs, sans verser de délicieuses larmes ? Qui peut ne pas se rappeler les jours de son enfance !

C'est la cour qu'il faut fuir, c'est aux champs qu'il faut vivre (1).

Il avait aimé la cour, les rois, les grands, les honneurs, et pourtant la force du sentiment, arracha à Voltaire le vers que je viens de citer.

Oui, c'était pour vivre dans les champs que l'homme était né. C'est-là qu'il eût conservé sa vertu primitive et qu'il eût ignoré les erreurs, les passions, et les besoins qui ne punissent que trop l'habitant des grandes cités !

____

(1) Epître sur l'Agriculture.

Quelle peinture ravissante le Poële de Mantoue, ne fait-il pas des plaisirs purs de la Campagne ? Ce n'est plus l'auteur courtisan, ne chantant les aventures d'Enée, que pour présager le destin futur de Rome, et la gloire particulière d'Auguste ; c'est Virgile, Peintre philosophe et sensible. C'est le chantre du bonheur.

Ce bonheur, quel est-il ? Ecoutons Rollin traduisant Virgile. (1)

« Trop heureux les habitans de la
» campagne s'ils connaissaient leur
» bonheur (2), à qui la terre, loin
» du tumulte des armes et de la dis-
» corde, prodigue ses fruits, nou-
» riture douce et naturelle. Là règne
» une paix tranquille, une simplicité
» de mœurs qui ignore toute fraude
» et toute imposture.

.» Là se trouve une merveilleuse

---

(1) Histoire ancienne. Tom. 13.

(2) Voyez l'Epigraphe.

(11)

» variété d'innocentes richesses. Un
» doux loisir dans une fertile demeure.
» De vastes et riches campagnes, de
» fraîches grottes. Des sources d'eau
« vive. De sombres forêts, où l'om-
» bre des arbres invite au sommeil.
» Il n'est pas jusqu'aux mugissemens
» des troupeaux qui ne fasse plaisir.
» On y voit une jeunesse endurcie
» au travail, accoutumée à une vie
» sobre et frugale ; mais ce qu'on y
» admire le plus, c'est un profond
» respect pour les Dieux, et après
» eux, pour les Parens. En un mot,
» c'est là que la Justice, lorsqu'elle
» a quitté la terre, a fait son dernier
» séjour (1) ».

____

(1) Extrema per illos
Justitia excedens terris Vestigia fecit.
(*Georg. lib.* 2.)

Le morceau guillemeté que nous venons
de rapporter, est la traduction d'un passage
du second livre des Géorgiques, commençant
au 458e. vers et finissant au 474e.

Heureux Citoyens, c'est votre vie, c'est votre jouissance habituelle, c'est votre bonheur que nous venons de décrire ! Continuez d'en jouir ! Nos cœurs peuvent le désirer, mais sans en être jaloux.

Honneur à l'Agriculture,
Elle vient du Ciel,
Elle nourrit les hommes,
Elle enrichit les Etats.

L'Agriculture, en procurant à l'homme les plus grands biens qu'ils puissent goûter sur la terre, n'est point faite pour énerver le courage, comme les jouissances et les abus du luxe et de la richesse. Faut-il un témoignage ? dois-je invoquer la véracité de l'histoire ?

Les Romains savaient connaître les charmes de la vie champêtre. Chez eux, rien n'était tant et si bien recommandé que la culture des terres et la nourriture des troupeaux. On se rappelle avec quelle simplicité les Sénateurs habitaient leurs campagnes. On sait qu'ils cultivaient eux - mêmes, avec soin, leurs propres terreins, sans jamais porter d'avides désirs sur celui des autres. Et l'on sait encore que c'était souvent à la Charrue qu'on allait prendre des Consuls et des Dictateurs. Cincinnatus labourait son champ lorsque les Envoyés de Rome vinrent lui apprendre que la voix du peuple lui avait déféré cet honneur.

Agricole et guerrier, ces deux qualités ne sont point incompatibles. Elles se lient, elles se fondent l'une dans l'autre. Il faut savoir défendre les champs qu'on a cultivés. Dans quel moment devons-nous mieux sentir cette importante nécessité ?

Les automates qui végètent dans la Russie ; ces humains détériorés ; ces esclaves attachés à la glèbe, et cédés, par l'autocratie, comme un vil bercail ; ces malheureux, qui sont serfs, et non point laboureurs ; arrachés aux

champs qu'ils fatiguent pour un maî-
tre, viennent, sous une verge de fer,
combattre et mourir dans l'Italie,
qu'ils incendient, désolent et ravagent.
Ils forgent des chaînes ; ils nous les
préparent. Des chaînes à nous! à des
Français! à des Républicains! Ah!
nous n'avons point oublié les remparts
de Numance! Un bûcher et la Liberté;
voilà notre espoir et notre devise.

Quoi! l'Etranger viendrait détruire
nos propriétés; attenter à l'honneur
de nos femmes; à la pudicité de nos
filles; nos fils serairent égorgés sous
nos yeux; nos enfans à la mamelle
seraient foulés aux pieds des chevaux!
Non, non; jamais! La République est
immortelle.

Qu'ils tremblent, les tyrans, les
monstres coalisés, qui osent conce-
voir le projet insensé d'asservir la
grande Nation! En vain, l'Angleterre,
l'Autriche et la Russie ont uni leurs
fureurs et leurs forfaits! Le sang

qu'ils ont fait verser dans les combats, s'élève contre eux. Le sang nouveau qu'ils ont fait couler, sous le poignard des assassins, aux portes de Rastadt, demande vengeance à la France entière ; il l'obtiendra.

Nous ne pouvons point effacer de nos cœurs ces formules terribles.

Guerre au Gouvernement Anglais.

Mort a l'Autriche.

Vengeance.

VIVE LA RÉPUBLIQUE.

DE L'IMPRIMERIE DE DELANCE,
Rue de la Harpe, Nº. 133.

199

www.ingramcontent.com/pod-product-compliance
Lightning Source LLC
LaVergne TN
LVHW051018060726
842524LV00007B/2672